Kognitive Verhaltenstherapie

Ängste und Depressionen im Handumdrehen überwinden

Inhaltsverzeichnis

EINLEITUNG

Kognitive Verhaltenstherapie (kurz: CBT = Cognitive Behavioral Therapy) ist eine kurzfristige und zielorientierte Art der Psychotherapie, die dir auf praktische Art und Weise hilft, deine aktuellen Probleme zu lösen. Ihr Ziel ist es, Denk- und Verhaltensmuster zu verändern, die dir das Leben schwermachen. Mit dem direkten Ansatz soll verändert werden, wie du hinsichtlich bestimmter Ereignisse empfindest. Diese Therapieform wird bei zahlreichen Problemen im persönlichen Leben überaus erfolgreich angewendet, wie unter anderem bei Schlafproblemen, Beziehungsproblemem, Alkoholsucht oder auch Angst und Depressionen. Indem sich die kognitive Verhaltenstherapie auf deine Gedanken, Überzeugungen und allgemeine Geisteshaltung konzentriert, verändert sie mit der Zeit dein Verhalten sowie auch eigene Sichtweisen. Darüber hinaus fokussiert sie sich darauf, wie sich Gedanken und persönliche Überzeugungen auf dein Verhalten auswirken, um mit emotionalen Problemen besser umzugehen. Es ist ein sehr einfacher und gleichzeitig hocheffektiver Ansatz, der einen immens positiven Einfluss auf deine Gesundheit und dein Wohlbefinden haben kann.

Der große Vorteil der kognitiven Verhaltenstherapie ist eben ihre kurze Dauer, sodass diese Therapieform meistens nicht mehr als maximal zehn Monate in Anspruch nimmt. In einem professionellen Setting mit einem Therapeuten findet einmal die Woche eine Therapiestunde statt. In dieser Zeit arbeitet ein Therapeut gemeinsam mit dir daran, deine eigenen Probleme besser zu verstehen sowie Strategien zur Bewältigung zu entwickeln.

Viele Menschen haben allerdings keinen Therapeuten in der Nähe, der kognitive Verhaltenstherapie praktiziert. Oder die Therapiestunden sind zu teuer und werden nicht von der Krankenkasse übernommen. Es kann sich unter Umständen auch schwer einrichten lassen, zusätzlich zum eigenen vollen Terminplan wöchentlich Zeit für eine Therapiestunde einzurichten. Derzeitig keinen Therapeuten zur Verfügung zu haben, wird einer der Gründe sein, warum du dieses Buch liest. Wenn du kognitive Verhaltenstherapie für Ängste oder Depressionen ausprobieren möchtest, brauchst du nicht unbedingt einen professionellen Therapeuten an deiner Seite. Zahlreiche Studien belegen, dass selbst angewandte kognitive Verhaltenstherapie genauso effektiv sein kann. Zwar fühlen sich die meisten nicht zu 100 % besser, aber sind zumindest um einiges weniger depressiv oder ihren Ängsten ausgesetzt. Allerdings ist kognitive Verhaltenstherapie in Eigenregie am ehesten lediglich bei milden Symptomen angeraten, wenn du allgemein noch ganz gut deinen Alltag im Griff hast. Jemand der unter schweren Depressionen leidet und kaum aus dem Bett kommt, wird in der direkten Zusammenarbeit mit einem Therapeuten besser aufgehoben sein.

Im Grunde kannst du dir die kognitive Verhaltenstherapie als eine Mischung aus Psychotherapie und Verhaltenstherapie vorstellen. In der Psychotherapie wird vor allem Wert auf die persönliche Bedeutung gelegt, die du einzelnen Dingen beimisst und sie zeigt auf, wie Denkmuster ihre Wurzeln in deiner Kindheit haben. Die Verhaltenstherapie hingegen konzentriert sich auf das Zusammenspiel von Problemen, Verhalten und deinen Gedanken.

Entstehung einer neuen Therapieform

Kognitive Verhaltenstherapie wurde von dem Psychiater Aaron Beck in den 1960-er Jahren entwickelt. Er wendete seinerzeit die Psychoanalyse als Therapieform an. Während der Analysesitzungen beobachtete er bei seinen Klienten, dass sie eine Art inneren Dialog in ihrem Kopf führten. Von ihren gedanklichen Selbstgesprächen erzählten sie Beck allerdings nur einen Bruchteil.

Beispielsweise könnte ein Patient in einer Therapiesitzung darüber nachdenken, warum der Therapeut nicht viel während der Sitzung gesagt habe. Wenn ein Therapeut nichts großartig sagt, könnte es sein, dass er von seinem Patienten genervt ist – so sieht zumindest der beispielhafte Gedankengang des Patienten aus. Diese Gedanken können den Patienten dazu veranlassen, selbst genervt zu sein oder nervös zu werden. Auf diesen Gedankengang könnte der Patient dann sich selbst antworten, dass der Therapeut vielleicht nur müde ist. Dieser zweite Gedanke kann direkt verändern, wie sich der Patient fühlt.

Beck stellte fest, dass die Beziehung zwischen Gedanken und Gefühlen sehr wichtig ist. Er erfand den Ausdruck 'automatische Gedanken', um emotionsgeladene Gedanken zu beschreiben, die einem in den Kopf kommen können. Er stellte auch fest, dass die meisten Menschen sich dieser Gedanken nicht immer komplett bewusst sind. Jedoch kann jeder erlernen, sie zu erkennen. Wenn sich jemand über etwas aufregt, hat diese Person in der Regel negative Gedanken. Sie sind weder realistisch noch hilfreich. Entsprechend kristallisierte es sich für Beck heraus, dass genau diese Gedanken der Schlüssel dazu sind, den jeweiligen Patienten zu verstehen und seine Probleme zu bewältigen.

Der Psychiater Beck nannte es kognitive Therapie, da die Gedanken des Patienten eine wichtige Rolle spielen. Heute ist es als kognitive Verhaltenstherapie bekannt, da diese Therapieform auch Verhaltenstechniken einsetzt. Das Gleichgewicht zwischen den kognitiven Teilen und den Verhaltenselementen variiert in den unterschiedlichen Formen dieser Therapieart. Ein kognitiver Verhaltenstherapeut erstellt in der Regel einen individuellen Therapieplan für seinen Klienten, sodass verschiedene Formen zum Einsatz kommen können. Es sammeln sich allerdings alle unter dem Oberbegriff 'Kognitive Verhaltenstherapie'.

CBT befasst sich mit negativen Denkmustern und gedanklichen Verzerrungen in der Art, wie wir die Welt und uns selbst betrachten. Wie der Name schon sagt, beinhaltet dies zwei Hauptkomponenten:

- Die kognitive Therapie untersucht, wie negative Gedanken, oder Kognitionen, zur Angst oder Depressionen beitragen.

- Die Verhaltenstherapie untersucht, wie du dich in auslösenden Situationen verhältst und reagierst.

Kapitel 1: Die Bedeutung negativer Gedanken

Kognitive Verhaltenstherapie basiert auf der Theorie, dass Ereignisse selbst uns nicht aus dem seelischen Gleichgewicht bringen. Es ist mehr die Bedeutung, die wir einem Ereignis verleihen. Mit anderen Worten: Nicht die Situation, in der du dich befindest, bestimmt wie du dich fühlst, sondern deine Wahrnehmung der Situation. Wenn unsere Gedanken zu sehr ins Negative rutschen, können sie uns davon abhalten, das zu sehen, was nicht zu unserer wahrgenommenen Realität passt. Wir halten an einem alten Gedanken fest, ohne etwas Neues zu lernen.

Nehmen wir an, du bist depressiv und denkst, dass du heute nicht arbeiten kannst. Du denkst vielleicht, du packst es einfach nicht und alles wird schieflaufen, sodass du dich am Ende furchtbar fühlen wirst. Als Ergebnis dieser Gedanken und auch in ihrer festen Überzeugung meldest du dich bei der Arbeit eben krank. Mit diesem Verhalten wirst du allerdings nicht herausfinden, ob deine Annahme falsch war. Wenn du zur Arbeit gegangen wärst, hättest du herausfinden können, dass manches gut lief und manches weniger gut. Stattdessen bleibst du zu Hause und grübelst darüber nach, warum du nicht zur Arbeit gegangen bist. Das kann dich dazu verleiten, davon auszugehen, dass du alle hast hängen lassen. Deine Kollegen könnten sauer auf dich sein. Du fühlst dich schwach und nutzlos. Im Endeffekt geht es dir schlechter und hast noch größere Probleme, am folgenden Tag arbeiten zu gehen. Auf diese Art und Weise zu denken sowie sich zu verhalten kann zu einer Abwärtsspirale entwickeln. Dieser Teufelskreis lässt sich auf viele verschiedene Probleme übertragen, wie beispielsweise auch soziale Phobien.

Der Ursprung negativer Gedanken

Beck ging davon aus, dass sich Denkmuster in der Kindheit entwickeln und sich von dort aus sowohl verselbstständigen als auch verankern. Ein Kind, das nicht viel Aufmerksamkeit von seinen Eltern aber viel Lob für seine schulischen Leistungen erhält, kann zum folgenden Glaubenssatz gelangen: 'Ich muss immer gut sein. Wenn ich nicht gut bin, werde ich nicht akzeptiert oder beachtet'. Solch eine Regel kann dich zwar darin unterstützen, immer das Beste zu geben und hart zu arbeiten. Doch sobald etwas geschieht, das sich außerhalb des eigenen Einflusses befindet, wird ein dysfunktionales Denkmuster ausgelöst. Du könntest anfangen zu denken, dass du ein kompletter Versager bist und dich keiner mag.

Kognitive Verhaltenstherapie hilft dir in diesem Aspekt zu verstehen, was gerade passiert. Sie hilft dir, deine verselbstständigten Gedanken hinter dir zu lassen und sie zu überprüfen. Wenn wir uns noch einmal das Beispiel mit den Depressionen von oben ansehen, kann CBT helfen, Erfahrungen aus dem echten Leben zu untersuchen. Du kannst dadurch erkennen, was mit dir in ähnlichen Situationen geschieht. Mit einer realistischeren Perspektive kannst du dann langsam austesten, was andere denken. Hierzu würdest du dich anderen mit einem Teil deiner persönlichen Schwierigkeiten offenbaren. Beispielsweise könntest du deinen Kollegen gegenüber offenbaren, dass du dich von einem bestimmten Projekt derzeit überfordert fühlst. Sie werden verstehen, dass du aus dem ganzen Stress einen Tag Ruhe brauchtest. Vielleicht sind sie selbst mit bestimmten Aufgaben oder gar anderen Kollegen bei der Arbeit überfordert.

Selbstverständlich hat jeder hin und wieder negative Gedanken, es ist einfach Teil des Lebens. Jeder ärgert sich mal über seine Mitmenschen. Jeder ist nach einer Trennung niedergeschlagen. Doch wenn unsere Seele in einem Ungleichgewicht gefangen ist, können wir dazu tendieren, unsere Annahmen und Interpretationen auf Vorurteilen basieren zu lassen. Das macht das Problem, dem wir uns ausgesetzt sehen, noch schwerwiegender.

Kapitel 2: CBT gegen Ängste

Ob du unter Panikattacken, zwanghaften Gedanken, unerbittlichen Sorgen oder unter einer einschränkenden Phobie leidest – es ist wichtig zu wissen, dass du nicht mit Angst und Furcht leben musst. Auch du kannst wieder anfangen, richtig zu leben. Die kognitive Verhaltenstherapie ist der am weitesten verbreitete Therapieansatz bei Ängsten. Forschungen zeigen, dass sie bei der Behandlung von Panikstörungen, Phobien, sozialen Ängsten sowie generalisierten Angststörungen extrem wirksam ist.

Stell dir zum Beispiel vor, du bist gerade zu einem Wochenendtrip eingeladen worden. Schau dir die drei verschiedenen Möglichkeiten an, was du über die Einladung denken könntest und wie diese Gedanken deine Gefühle beeinflussen würden.

Gedanke Nr. 1: Der Wochenendtrip klingt nach einem Riesenspaß. Ich reise gerne und liebe es, andere Ortschaften zu erkunden!

Emotionen: Glücklich, aufgeregt.

Gedanke Nr. 2: Reisen sind nicht mein Ding. Ich würde viel lieber zu Hause bleiben und einen Film gucken.

Emotionen: Neutral.

Gedanke Nr. 3: Ich weiß nie, wie ich mich bei Reisen verhalten soll. Ich mache mich zum Affen, wenn ich mitfahre.

Emotionen: Ängstlich, traurig.

Wie du siehst, kann dieselbe Situation bei verschiedenen Menschen völlig unterschiedliche Gefühle auslösen. Es hängt alles von unseren individuellen

Erwartungen, Einstellungen und Überzeugungen ab.

Bei Menschen mit Angststörungen schüren negative Denkweisen negative Emotionen der Angst und Furcht. Das Ziel der kognitiven Verhaltenstherapie bei Ängsten ist es, diese negativen Gedanken und Überzeugungen zu identifizieren und zu korrigieren. Die Idee dahinter ist, zu ändern, wie du denkst und wie du fühlst. Klassischerweise besteht die Behandlung von Ängsten in der kognitiven Verhaltenstherapie aus drei Aspekten: der Herausforderung eigener Gedanken, Entspannung und den Ängsten zu begegnen.

Herausforderung deiner Gedanken

Die Gedankenanfechtung – auch bekannt als kognitive Umstrukturierung – ist ein Prozess, bei dem du negative Denkmuster, die deiner Angst beitragen, infrage stellst. Mit dieser

Übung werden sie in drei Schritten durch positivere, realistische Gedanken ersetzt.

1. *Identifiziere deine negativen Gedanken.* Bei Angststörungen werden Situationen als gefährlicher wahrgenommen, als sie es tatsächlich sind. Für jemanden mit einer Bakterienphobie kann zum Beispiel das Händeschütteln mit einem anderen Menschen lebensbedrohlich erscheinen. Obwohl du leicht erkennen kannst, dass es sich um eine irrationale Angst handelt, kann es sehr schwierig sein, deine eigenen irrationalen, angsteinflößenden Gedanken zu identifizieren. Frag dich selbst, was genau du gedacht hast, als die Angst in dir aufstieg.

2. *Deine negativen Gedanken infrage stellen.* Im zweiten Schritt forschst du nach Beweisen, um deine Angstgedanken zu hinterfragen. Weniger hilfreiche Überzeugungen kannst du analysieren und

die Realität negativer Vorhersagen überprüfen. Dazu gehört ebenfalls Vor- und Nachteile einer Sorge oder des Vermeidens einer Sache, vor der du Angst hast, abzuwägen. Letztlich wägst du ab, wie realistisch die Chancen sind, dass das, wovor du Angst hast, tatsächlich eintreten wird.

3. *Negative Gedanken durch realistische Gedanken ersetzen.* Sobald du irrationale Vorhersage und negative Verzerrungen deiner Angstgedanken identifiziert hast, kannst du sie durch neue Gedanken ersetzen. Im Grunde kreierst du dir realistische, beruhigende Aussagen. Diese kannst du dir in deinem inneren Dialog mitteilen, wenn du dich in einer solchen Situation befindest oder eine Situation erwartest, die normalerweise deine Angst in die Höhe treibt.

Schauen wir es uns in einem Beispiel an, wie das Ganze funktioniert. Nehmen wir an, du möchtest nicht mit einem Bus fahren, weil du Angst hast, dass du ohnmächtig wirst und ins Krankenhaus kommst. Der Gedanke, in ein Krankenhaus eingeliefert zu werden, verursacht ebenfalls Ängste. Nun schreibst du dir deine negativen Gedanken zu dieser Situation auf. Dazu notierst du dir eine kognitive Verzerrung, die den negativen Gedanken umschreibt. Anschließend überprüfst du, ob dir bereits etwas Ähnliches widerfahren ist. Das, was dir in der Realität bisher selbst erlebt hast, spiegelt den realistischeren Gedanken wider.

Negativer Gedanke Nr. 1: Was ist, wenn ich in der U-Bahn ohnmächtig werde?

Kognitive Verzerrung: Das Schlimmste vorhersagen.

Realistischerer Gedanke: Ich bin noch nie ohnmächtig geworden, also ist es unwahrscheinlich, dass ich jetzt in der U-Bahn ohnmächtig werde.

Negativer Gedanke Nr. 2: Wenn ich ohnmächtig werde, wird es peinlich und schrecklich sein.

Kognitive Verzerrung: Dinge unverhältnismäßig darstellen.

Realistischerer Gedanke: Wenn ich ohnmächtig werde, komme ich in ein paar Augenblicken wieder zu mir. Das ist nicht so schrecklich und peinlich muss es auch niemandem sein.

Negativer Gedanke Nr. 3: Ich werde ins Krankenhaus eingeliefert und komme dort nie wieder heraus.

Kognitive Verzerrung: Voreilige Schlüsse ziehen.

Realistischerer Gedanke: Andere Passagiere werden sich eher um dich Sorgen machen. Um sicherzustellen, dass es dir gut geht, wird eventuell ein Notarzt gerufen. Der bringt dich aber nicht zwangsweise sofort ins Krankenhaus, wenn es dir gut geht. Falls er das tut, wirst du im Krankenhaus lediglich untersucht. Wenn die Ärzte nichts finden können, wirst du wieder nach Hause entlassen.

Negative Gedanken durch realistischere Gedanken zu ersetzen, ist durchaus leichter gesagt als getan. Oft sind negative Gedanken Teil eines lebenslangen Denkmusters. Es braucht Übung, um die Gewohnheit zu durchbrechen. Deshalb gehört zur kognitiven Verhaltenstherapie auch das Üben. Sofern du kognitive Verhaltenstherapie in Eigenregie durchführst, ist es eine dauerhafte Hausaufgabe.

Entspannungstechniken

Wer unter Ängsten leidet, befindet sich zweifelsohne in einem angespannten Zustand. Die Atmung wird automatisch schneller und der Puls schnellt in die Höhe. Diese körperlichen Symptome verschlimmern deine Ängste jedoch. Bevor du deinen Ängsten entgegentrittst oder auch als Bewältigungsstrategie bei herausfordernden Situationen im Alltag, ist das Erlernen von Entspannungstechniken ein Muss.

Zwei Strategien, die in der CBT häufig verwendet werden, sind Atemtechniken und Progressive Muskelanspannung. Mithilfe bestimmter Atemtechniken wird dein Atem bewusst verlangsamt. Progressive Muskelentspannung beinhaltet, systematisch verschiedene Muskelgruppen an- und wieder zu entspannen. Wie bei jeder anderen Fähigkeit gilt auch bei diesen Entspannungsstrategien eins: Je häufiger sie geübt werden, desto effektiver und schneller wirken sie. Weitere hilfreiche Entspannungsstrategien sind das Hören von ruhiger Musik, Meditation, Yoga und Massage.

Hier ist die Anleitung einer einfachen Atemtechnik, die du jederzeit anwenden kannst:

1. Setz dich bequem auf einen Stuhl. Leg deine Hand auf den Bauch, sodass du merkst, wie sich dein Zwerchfell beim Atmen bewegt.

2. Atme tief und langsam durch die Nase ein. Halte den Atem für 5 Sekunden an. Du kannst die Zeit verkürzen, falls es für dich unangenehm ist.

3. Atme fünf Sekunden lang allmählich wieder aus. Zieh dabei deine Lippen

zusammen und tu so, als würdest du durch einen Strohhalm pusten (es kann hilfreich sein, zum Üben tatsächlich einen Strohhalm zu verwenden).

4. Wiederhol diese Atemtechnik etwa 5 Minuten lang, am besten 3 Mal am Tag. Je mehr du übst, desto besser wird es dir helfen, wenn du dieses Werkzeug brauchst.

Konfrontation deiner Ängste

Angst ist kein angenehmes Gefühl, also ist es nur natürlich, sie vermeiden zu wollen, wo du kannst. Wenn du Angst vor Menschenansammlungen hast, vermeidest du es, in die Stadt oder zu Konzerten zu gehen. Oder wenn Sprechen vor anderen Menschen dir einen Knoten im Magen verursacht, könntest du die Hochzeit deines besten Freundes sausen lassen, nur um die

Rede zu vermeiden. Situationen zu vermeiden, die in dir Ängste auslösen, nehmen dir allerdings auch die Chance, sie eines Tages zu überwinden. Je öfter du angsteinflößende Situationen vermeidest, desto stärker werden die Ängste mit der Zeit.

Bei der Konfrontation deiner Ängste setzt du dich stufenweise Situationen aus, vor denen du Angst hast. Der Hintergrund ist, dass du durch wiederholte Exposition ein zunehmendes Gefühl der Kontrolle über die Situation erhältst und dadurch deine Angst abnimmt. Die Konfrontation erfolgt auf eine von zwei Arten: Entweder stellst du dir die beängstigende Situation vor oder du konfrontierst dich mit ihr im realen Leben.

Anstatt dich deiner größten Angst sofort zu stellen, was traumatisierend sein kann, beginnt die sogenannte Expositionstherapie normalerweise mit einer Situation, die nur leicht bedrohlich ist. Von dort aus arbeitest du dich Schritt für Schritt langsam vor. Jeden einzelnen Schritt wiederholst du in gewissen Abständen mit einer Erholungspause mehrerer Tage. Sobald du dich sicherer fühlst, gehst du zum nächsten Schritt über. Dieses schrittweise Vorgehen ermöglicht es dir, dich allmählich mit deinen Ängsten auseinanderzusetzen, Vertrauen aufzubauen und deine Panik zu kontrollieren.

Nehmen wir an, du hättest Höhenangst:

Schritt 1: Schau dir Fotos von hohen Brücken an.

Schritt 2: Schau dir ein Video von Brücken an.

Schritt 3: Beobachte echte Brücken.

Schritt 4: Stell dich an eine Brücke.

Schritt 5: Überquere die Brücke.

Kapitel 3: CBT gegen Depressionen

Von Zeit zu Zeit können wir alle traurig, unglücklich und genervt sein. Es sind verständliche Reaktionen auf beunruhigende oder stressige Ereignisse und Erfahrungen. Das kann jeder nachempfinden. Manchmal können wir diese Gefühle ohne erkennbaren Grund erleben, aber wenn sie anhalten, können sie Anzeichen für eine klinische Stufe der Depression sein. Weltweit sind laut einer Studie der WHO vom Januar 2020 mehr als 264 Millionen Menschen von Depressionen betroffen. Wie du siehst, bist du mit einer Depression nicht allein auf der Welt.

Ähnlich wie bei Ängsten arbeitet die kognitive Verhaltenstherapie bei Depressionen ebenfalls mit der Veränderung negativer Gedanken. Während negative Gedanken Ängste auslösen können, können sie dich ebenfalls in eine Abwärtsspirale in Richtung Depressionen schicken. Als Ergebnis wirst du traurig, hoffnungslos, verlierst Interesse an sämtlichen Aktivitäten, ziehst dich zurück und fühlst dich schlimmstenfalls wertlos.

Während auch bei Depressionen die Gedanken wie bei Ängsten im vorangegangenen Kapitel herausgefordert werden können, gibt es bei Depressionen noch zwei weitere Modelle für den kognitiven Teil. Der Verhaltensteil konzentriert sich voll und ganz auf deine Reaktivierung, indem du einen Aktivitätsplan aufstellst und dir Ziele setzt.

Die Basis zur Behandlung von Depressionen ist, sich deiner eigenen negativen Gedanken bewusst zu werden. Doch wenn du bereits weinst oder dich so mies fühlst, dass du den ganzen Tag lieber im Bett bleibst, sind es mehr deine Gefühle, die dich weiter in den Sog hinabziehen. Mitten in einem solchen Gefühlschaos hältst du vermutlich nicht inne und überlegst, welche Gedanken dich in diese Situation gebracht haben. Deshalb gilt es, auf die negativen Gefühle zu achten und sich dazu ein paar Randnotizen anzufertigen:

- Wann sind die Symptome von Depressionen am schlimmsten?

- Was konkret löst dein Verhalten (z. B. anhaltendes Weinen) aus? Ein Beispiel könnte sein: Du fühlst dich deprimiert, wenn du einen Abend allein Zuhause verbringen musst. Du fühlst dich so einsam, dass du es nicht ertragen kannst.

Negative Gedanken kontern

Negative Gedanken sind nur eines: nicht hilfreich. Sie verschlimmern eine Depression ins Unermessliche. Die kognitive Verhaltenstherapie konzentriert sich in diesem Aspekt nicht nur darauf, deine negativen Gedanken herauszufordern, sondern sie quasi umzudrehen. Um zu einem positiveren Denkmuster zu gelangen, ist es auch hierbei hilfreich, einen Zwischenschritt einzulegen und mehr oder minder Beweise gegen das negative Statement in deinem Kopf zu finden.

Nehmen wir an, dass in deinem Kopf der Gedanke herumkreist, dass du nichts kannst oder zumindest nichts wirklich gut. Da jeder Mensch bestimmte Fähigkeiten hat und entsprechend Bereiche, in denen er nicht gut ist, kann in dieser Aussage nicht sehr viel Wahrheit enthalten sein. Lege eine Liste an, in der du notierst, worin du richtig gut bist. Vielleicht kannst du gut planen, kochen oder bist ein guter Autofahrer. Es geht hierbei darum, dir selbst zu vergegenwärtigen, dass du einiges durchaus gut kannst oder hinkriegst. Sobald du diese Beweise gefunden hast, kannst du dir aufschreiben, worin du sehr gut bist.

Mit Depressionen fühlen sich die meisten Menschen wertlos und haben den Eindruck, dass sie keiner mag. Daraus folgt der negative Gedanke 'Keiner mag mich'. Auch in diesem Fall gehst du auf Beweissuche. Du könntest deine Freunde fragen, ob sie sich mit dir auf einen Kaffee treffen würden. Würden sie sich nicht für dich interessieren und dich mögen, würden sie sich nicht mit dir treffen. Entsprechend kannst du auch diesen negativen Gedanken entkräften und direkt kontern.

Du kannst hierbei auch sokratische Fragen auf deinen negativen Gedanken stellen:

- Ist dieser Gedanke realistisch?

- Basieren meine Gedanken auf Tatsachen oder auf Gefühlen?

- Welchen Beweis habe ich für den Gedanken?

- Könnte ich die Beweise falsch interpretieren?

- Betrachte ich die Situation als nur schwarz und weiß oder ist sie etwas komplizierter?

- Habe ich diesen Gedanken aus Gewohnheit oder kann er von Fakten gestützt werden?

Mit diesen Fragestellungen kannst du jedem negativen Gedanken etwas entgegenstellen. Alternativ kannst du auch direkt einen negativen Gedanken mit einem positiven oder neutralen Statement kontern. Aus 'Ich kann nichts' kann 'Ich kann gut Autofahren' und respektive 'Niemand interessiert sich für mich' zu 'Es gibt Menschen, die sich für mich interessieren' werden. Dies erfordert jedoch etwas mehr an Übung, dir sowohl deiner negativen Gedanken bewusst zu sein, als auch diese zu entkräften.

Gedankenlogbuch

Ein Gedankenlogbuch (auch Gedankenprotokoll genannt) ist ein Werkzeug zur Aufzeichnung deiner Erfahrungen, Gedanken, Gefühle und Verhaltensweisen, die sie begleiten. Diese Übung wird dir helfen, dich deiner kognitiven Verzerrungen bewusst zu werden, die bei dir bisher unbemerkt und unhinterfragt geblieben sind. Mit etwas Übung wirst du lernen, kognitive Verzerrungen des gegenwärtigen Moments zu erkennen und sie sofort zu hinterfragen. Dies sieht folgendermaßen aus:

- Situation: Notiere die Situation, die zu deinen depressiven Gefühlen geführt hat. Zeichne nur die Fakten auf, die beschreiben, was tatsächlich geschehen ist und vermeide jegliche Interpretation.

- Gedanken: Deine Gedanken sind dein innerer Monolog. Schreib sie auf. Dies kann Statements oder auch Fragen umfassen.

- Gefühle: Schreib mit einem Wort deine Gefühle auf. Wenn sich deine Gefühle im Verlauf verändert haben, notiere auch dies.

- Verhalten: Zeichne auf, was du in Reaktion auf die Situation getan hast.

- Alternativer Gedanke: Welchen alternativen Gedanken hättest du haben können? Du musst in dieser Sparte keine überschwänglich positiven Gedanken aufschreiben, sie sollen einfach nur dem negativen Gedanken gegenüberstehen.

Beispiel:

- Situation: Alle haben zu tun, also bleibe ich allein zu Haus.

- Gedanken: Keiner will mit mir Zeit verbringen.

- Gefühle: Deprimiert.

- Verhalten: Ich bin den ganzen Abend allein zu Hause geblieben und habe nichts getan. Ich bin herumgesessen und habe negative Gedanken gehabt.

- Alternativer Gedanke: Ich bin heute Abend allein, aber jeder ist mal allein. Ich kann machen, was ich will.

Mach dir am Ende eine Notiz, wie diese Übung für dich funktioniert hat und ob du deine negativen Gedanken konfrontieren konntest. Reflektiere auch, ob du einen überzeugenden alternativen Gedanken aufschreiben könntest. Bewerte auf einer Skala von 0 bis 10, inwiefern sich nach dieser Übung deine negativen Gedanken oder Gefühle verbessert haben. Die zehn steht hierbei für massiv ins Positive, 5 für neutral und 0 für eine deutliche Verschlechterung.

Kreisenden Gedanken problemorientiert begegnen

Inwiefern Grübeln Depressionen verursacht oder Depressionen Grübeln auslösen mag eine Frage sein, mit der sich Forscher noch lange befassen werden. Tatsache ist jedoch, dass Grübeln Depressionen verschlimmert. Es entsteht, indem du unentwegt über eine bestimmte Situation nachdenkst. Während Grübeln über zukünftige Ereignisse in der Regel mehr mit Ängsten in Verbindung steht, grübeln Menschen mit Depressionen vorwiegend über Situationen aus der Vergangenheit. Die Vergangenheit kannst du allerdings nicht ändern. Ein charakteristisches Merkmal von Depressionen ist auch die Hoffnungslosigkeit – eine Überzeugung, dass sich niemals etwas bessern wird. Mithilfe einer Problemlösungs-Skizze lässt sich das Grübeln stoppen.

1. Identifiziere das Problem, das dich stört. Beispielsweise Einsamkeit.

2. Überlege dir mögliche Lösungen, die deine Situation verbessern könnten. In diesem Teil gibt es weder gute noch schlechte Antworten. Ziehe alles in Betracht, was dir das Gefühl geben könnte, dich weniger einsam zu fühlen. Zum Beispiel könntest du einem Verein beitreten, einen Hund adoptieren, dich in sozialen Medien mit

Menschen gleicher Interessen vernetzen, jeden Tag mit Freunden telefonieren oder einen Videochat mit ihnen arrangieren.

3. Nun überlegst du dir, welche möglichen Lösungen am ehesten für dich infrage kämen.

4. Im vierten Schritt suchst du dir eine deiner Lösungen aus, um sie auszuprobieren. Nehmen wir an, du entscheidest dich für den Videochat.

5. Bereite dich auf mögliche Hindernisse vor. Es hat vielleicht nicht jeder täglich für einen Videochat Zeit. Auch könnte deine Internetverbindung instabil sein. Lege dir einen Plan B zurecht, was du tun könntest, wenn es nicht klappt. Statt eines täglichen Videochats kannst du dich in Gruppen in den sozialen Medien engagieren und mit anderen austauschen. Oder du gehst mit deinem neuen Hund spazieren. Alternativ

suchst du dir eine Aktivität aus, die dein Wohlbefinden steigert, wie zum Beispiel joggen gehen.

6. Probiere deine anvisierte Lösung aus.

Sobald du eine Strategie entwickeln kannst, um Probleme zu lösen, hörst du automatisch auf, zu grübeln. In all der Grübelei und sich auf eine negative Situation zu konzentrieren, verlierst du aus dem Blick, was du trotz allem selbst verändern kannst.

Positive Aktivitäten

Mit Depressionen vergeht einem die Lust, sich sogar für etwas aufzuraffen, das dir eigentlich Spaß macht. Um dich wieder zu reaktivieren und zu spüren, was dir Freude bringt, gibt es verschiedene Ansätze. Diese gestalten sich in Form von Zielsetzungen und Aktivitäten.

1. *Stelle dir einen Aktivitätsplan auf:* Erstelle dir einen Wochenplan und nimm dir für jeden Tag eine Aktivität vor. Wenn du nicht aufstehen magst, nimm dir vor, dennoch aufzustehen. Dazu notierst du dir, wie du dich dabei gefühlt hast. Eine andere Aktivität könnte sein, dein Bett zu machen. Sobald du dein Bett gemacht hast, schreibst du dir auf, welches positive Gefühl dir diese Aktivität vermittelt hat. Der Schlüssel zum Erfolg hierbei ist, mit möglichst kleinen Dingen zu beginnen, um dir ein Erfolgserlebnis zu vermitteln. Zu jeder Aktivität, die du geschafft hast, klebst du dir einen Smiley in deinen Plan (oder einen anderen Aufkleber, der dich zum Lächeln bringt).

2. *Jeden Tag eine Aktivität, die dir Spaß macht:* Auch hierzu stellst du dir einen Wochenplan auf. Nur nimmst du dir nun jeden Tag etwas vor, das dir Spaß macht.

Wenn du gerne malst, nimm dir an einem Tag vor, zu malen. Solltest du eine Lieblingsserie haben, schau an einem Tag oder auch an jedem Tag eine Folge. Nimm dir an einem anderen Tag vor, dein Lieblingsessen zu kochen. Mit der Zeit kannst du diese Übung steigern und dir mehrere Aktivitäten an einem Tag vornehmen, die dir richtig viel Spaß machen. Der einfache Akt, etwas in deinen Kalender einzutragen, auf das du dich freust, kann mehr Positivität in deine Gegenwart bringen. Die Aktivität kann etwas Großes sein wie ein Campingausflug oder so scheinbar unbedeutend wie ein Telefonat mit einem alten Freund.

3. *Positive Bewältigung negativer Gedanken:* Mit diesem Modell tust du aktiv etwas gegen negative Gedanken, indem du dir etwas Gutes tust. Auch dies notierst du dir. Du schreibst dazu beispielsweise auf 'Ich

fühlte mich niedergeschlagen' und als Aktivität notierst du dir etwas, was dir guttut. Dies könnte sein "Ich habe mir ein wohltuendes Schaumbad gegönnt'. Schreib dir auch auf, wie du dich nach dem Bad gefühlt hast. In einem anderen Beispiel hören deine Gedanken nicht auf zu kreisen. Du notierst dir 'Ich konnte nicht aufhören, über X nachzudenken. Also bin ich im Wald spazieren oder eine Runde joggen gegangen'.

SCHLUSSWORT

Die effektive Bewältigung von Ängsten oder Depressionen mit kognitiver Verhaltenstherapie ist ähnlich wie Sport: Du musst "in Form bleiben" und das Üben neuer hilfreicher Fähigkeiten zu einer täglichen Gewohnheit machen. Manchmal rutschen Menschen jedoch in alte Gewohnheiten zurück und erleiden einen Rückfall. Ein Rückfall ist eine vollständige Rückkehr zu all deinen alten Denk- und Verhaltensweisen aus der Zeit, bevor du neue Strategien zur Bewältigung gelernt hast. Es ist zwar normal, in Zeiten von Stress, aufgrund schlechter Laune oder Müdigkeit einen Lapsus zu haben, aber ein Rückfall muss nicht unbedingt sein. Hier sind abschließend einige Tipps, wie du Rückfälle vermeiden kannst:

Übe jeden Tag weiterhin die hier vorgestellte CBT-Techniken. Das ist der beste Weg, um einen Rückfall zu verhindern. Sofern du regelmäßig übst, kannst du alle Situationen meistern, mit denen du konfrontiert wirst.

Wenn du dir bewusst bist, in welchen Lebensphasen du anfälliger für einen Lapsus bist (z. B. in Zeiten von Stress oder Veränderungen), vermindert sich die Wahrscheinlichkeit für einen Rückfall. Ergänzend könnte es dich unterstützen, eine Liste mit Warnzeichen zu erstellen (z. B. häufigere Niedergeschlagenheit). Sie weisen dich darauf hin, dass deine Angstzustände oder Depressionen wieder zunehmen könnten. Sobald du deine "roten Karten" kennst, kannst du einen Aktionsplan erstellen, um mit ihnen umzugehen. Das kann zum Beispiel Atemübungen oder Hinterfragen deiner negativen Gedanken sein.

Solltest du doch einen Ausrutscher haben, versuche herauszufinden, welche Situation konkret ihn ausgelöst hat. Das kann dir dabei helfen, einen Plan zu erstellen, wie du in Zukunft besser mit schwierigen Situationen umgehen kannst. Bedenke, dass es normal ist, gelegentlich Rückfälle zu haben. Du kannst dafür aus jedem einzelnen viel lernen. Rückfälle sind normal und sie alle kannst auch du überwinden. Mach dir keine Vorwürfe und reflektiere lieber, was du daraus lernen kannst. Beim nächsten Mal läuft's garantiert besser.

QUELLEN

Psychological Perspective

Psychology Today

Psych Central

10MinuteCBT

UW Medicine Harborview Medical Center

Everyday Health

Help Guide

Anxiety Canada

Right as Rain

Therapist Aid

Nami

AAFP

Psychology Tools

Positive Psychology

IMPRESSUM

Text: Copyright © 2021 by Libros Trading Ltd

Business Center

Dubai World Center

P.O. Box 390667

Alle Rechte vorbehalten.

Nachdruck oder Kopieren, auch auszugsweise, ist ohne Erlaubnis des Autors nicht gestattet.

Fotos:

© SlothAstronaut / https://depositphotos.com/158325750/stock-illustration-hand-drawn-inspirational-label-with.html

Wichtiger Hinweis:

Die in diesem Buch enthaltenen Informationen dienen ausschließlich informativen Zwecken und dürfen unter keinen Umständen als Ersatz für eine professionelle Beratung oder Behandlung durch ausgebildete und anerkannte Ärzte angesehen werden. Diese beinhalten keinerlei Empfehlungen bezüglich bestimmter Diagnose- oder Therapieverfahren. Die Inhalte dürfen niemals als eine Aufforderung zur Selbstbehandlung oder als Grundlage für Selbstdiagnosen und -medikation verstanden werden. Die Informationen spiegeln lediglich die Meinung des Autors wieder. Der Autor übernimmt für die Art oder Richtigkeit der Inhalte keine Garantie, weder ausdrücklich noch impliziert.

Sollten Inhalte des Buches gegen geltendes Recht verstoßen, dann bittet der Autor um umgehende Benachrichtigung. Die betreffenden Inhalte werden dann umgehend entfernt oder geändert.

Haftung für Links

Das Buch enthält Links zu externen Webseiten Dritter, auf deren Inhalte wir keinen Einfluss haben. Deshalb können wir für diese fremden Inhalte keine Gewähr übernehmen. Für die Inhalte der verlinkten Seiten ist stets der jeweilige Anbieter oder Betreiber der Seiten verantwortlich. Die verlinkten Seiten wurden zum Zeitpunkt der Verlinkung auf mögliche Rechtsverstöße überprüft. Rechtswidrige Inhalte waren zum Zeitpunkt der Verlinkung nicht erkennbar. Eine permanente inhaltliche Kontrolle der verlinkten Seiten ist jedoch ohne konkrete

Anhaltspunkte einer Rechtsverletzung nicht zumutbar. Bei Bekanntwerden von Rechtsverletzungen werden wir derartige Links umgehend entfernen.

www.ingramcontent.com/pod-product-compliance
Lightning Source LLC
Chambersburg PA
CBHW060943130726
48001CB00003B/1031